A ALEGRIA, MINHA BÚSSOLA

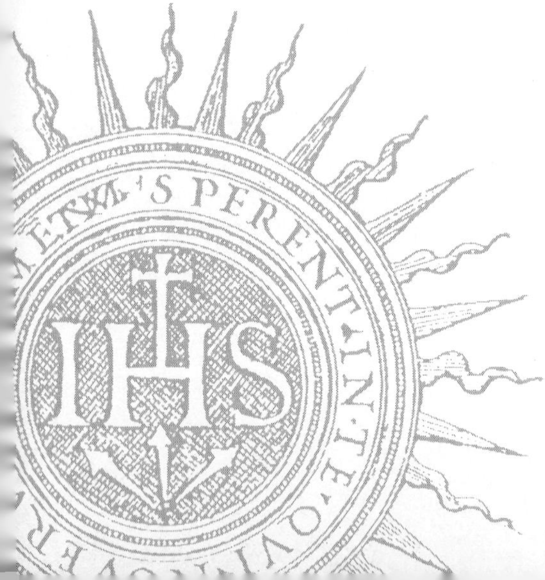
IHS

NIKOLAAS SINTOBIN

A ALEGRIA, MINHA BÚSSOLA

Viver com Inácio

Tradução:
Pe. Benno Brod, SJ

Edições Loyola

Título original:
Leven met Ignatius – Op het kompas van de vreugde
© KokBoekencentrum uitgevers, Utrecht, The Netherlands 2015
PO Box 13288, 3507, LG Utrecht, The Netherlands
ISBN 978-90-211-4381-1

Dados Internacionais de Catalogação na Publicação (CIP)
(Câmara Brasileira do Livro, SP, Brasil)

Sintobin, Nikolaas
    A alegria, minha bússola : viver com Inácio / Nikolaas Sintobin ; tradução Benno Brod. -- São Paulo, SP : Edições Loyola, 2022. -- (Sabedoria para o nosso tempo)

    Título original: Leven met Ignatius : Op het kompas van de vreugde.
    ISBN 978-65-5504-190-3

    1. Espiritualidade 2. Inácio, de Loyola, Santo, 1491-1556 3. Teologia pastoral I. Título. II. Série.

22-115402   CDD-248.3

Índices para catálogo sistemático:
1. Inácio, de Loyola, Santo : Exercícios espirituais : Cristianismo   248.3

Eliete Marques da Silva - Bibliotecária - CRB-8/9380

Capa e diagramação: Ronaldo Hideo Inoue
Composição da capa a partir das imagens de © Jag_cz, © Viorel Sima, © xtock e © zatletic (contracapa). © Adobe Stock. No miolo, detalhe da *Apoteose de Santo Inácio* (1675), de Diego Díez Ferreras, Igreja de São Miguel e São Julião, Valladolid, Espanha (foto de Luis Fernández García, 24 dez. 2013, © Wikimedia Commons: <https://commons.wikimedia.org/wiki/File:Apoteosis_de_San_Ignacio_1675_20131224.jpg>), e ícone de Inácio, de © bernardojbp | Adobe Stock
Revisão técnica: Danilo Mondoni, SJ
Revisão: Carolina Rubira

Edições Loyola Jesuítas
Rua 1822 nº 341 – Ipiranga
04216-000 São Paulo, SP
T 55 11 3385 8500/8501, 2063 4275
editorial@loyola.com.br
vendas@loyola.com.br
www.loyola.com.br

Todos os direitos reservados. Nenhuma parte desta obra pode ser reproduzida ou transmitida por qualquer forma e/ou quaisquer meios (eletrônico ou mecânico, incluindo fotocópia e gravação) ou arquivada em qualquer sistema ou banco de dados sem permissão escrita da Editora.

ISBN 978-65-5504-190-3

© EDIÇÕES LOYOLA, São Paulo, Brasil, 2022

Sumário

Introdução 7

Tudo começou com uma bala de canhão 11

Uma conversão em longo prazo 19

Obediência sim, magia não 25

Viver a indiferença 31

Fazer discernimento na vida de todos os dias 39

Oração na vida: rezar com o quinto evangelho 47

Como fazer uma escolha? 55

A fé em Deus suscita a fé no ser humano 63

Inácio e sua rude receita de felicidade 71

Dez conselhos para aprender
a partir de nossos sentimentos 81

A vida de Inácio de Loyola em dez datas 89

Bibliografia 93

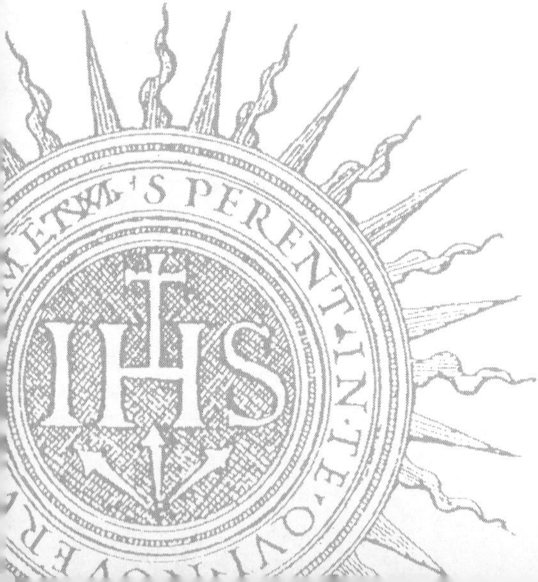
IHS

Introdução

AD
MAIOREM
DEI
GLORIAM

O que é uma vida bem-sucedida? Como saber o que fazer da minha vida? Que relação existe entre coração e inteligência? Pode-se fazer algo com aquilo que a gente sente? Como fazer uma escolha? Deus ainda significa alguma coisa numa cultura moderna e numa sociedade hiperativa como a nossa? Se sim, como se pode descobrir isso? Será que a gente tem de se converter? Aliás, o que quer dizer crer em Deus, afinal?

Este livro não oferece respostas teóricas. Ele se propõe a contar algumas experiências tiradas da vida de um homem que viveu no século XVI: Inácio de Loyola, o fundador da Companhia de Jesus, mais conhecida como a Ordem dos Jesuítas. Inácio continua surpreendentemente atual. Vivia numa época de grandes convulsões, quando parecia que os pontos de referência tinham desaparecido. De repente se encontrou brutalmente confrontado com a própria impotência e o fracasso. Isso foi o ponto de partida de uma busca que durou toda sua vida.

Inácio descobriu que sua experiência pessoal podia orientar outros de maneira confiável. De sua experiência, ele tirou então indicações concretas. A espiritualidade inaciana não é uma doutrina. Ela se parece mais com uma caixa de ferramentas. Até os dias de hoje, numerosas pessoas utilizam essas ferramentas para viver uma vida mais intensa. Este livro apresenta algumas dessas ferramentas.

A sabedoria de Inácio influenciou profundamente a cristandade para muito além das fronteiras da Igreja católica. Os jesuítas eram, e são, ativos no ensino, na arte, na espiritualidade, na ciência, no trabalho social..., muitas vezes nas fronteiras da sociedade e da Igreja. Vocês querem descobrir quem é o Papa Francisco? Vocês o conseguirão se conhecerem sua história de jesuíta.

Este livro se dirige a um público amplo. Em particular, a pessoas que têm os dois pés no chão e que sabem que são convidadas a enxergar mais longe.

Tudo começou com uma bala de canhão

AD
MAIOREM
DEI
GLORIAM

PIETATE
FECIT POTENTIAM
FORTITVDINE
ZELO
SAPIENTIA
PROSTRATA HERESI FIDES

S. IGNATI VIC

Deus escreve direito por linhas tortas. É impressionante constatar como, para personalidades especialmente fortes, a experiência de um impasse mostrou ser o trampolim para uma aventura que não se compara a nenhuma outra. Agostinho de Hipona, Francisco de Assis ou, mais recentemente, Charles de Foucauld podem nos contar isso. Aconteceu o mesmo com Íñigo López de Loyola, o nome de batismo de Inácio de Loyola. Ele nasceu em 1491, no castelo de Loyola, no norte da Espanha. Foi o décimo terceiro filho de uma família basca pertencente à nobreza. Ainda bem pequeno, ficou órfão de mãe; e, segundo o costume de seu meio social, foi enviado como pajem a diversas cortes espanholas. Nesses lugares, Inácio mostrou-se carismático, ambicioso e talentoso. Adquiriu experiência de militar, de diplomata e de líder. Ele não nasceu como piedoso coroinha de missa.

No parágrafo inicial de sua autobiografia — *O Relato do Peregrino* (RP) — Inácio descreve a si mesmo assim (citaremos sempre na tradução feita pelo Pe. Armando Cardoso, SJ, Edições Loyola, [6]2000. N. do T.):

> " Até os vinte e seis anos de sua idade, foi homem entregue às vaidades do mundo. Deleitava-se principalmente no exercício de armas, com grande e vão desejo de ganhar honra. "
>
> RP 1

Os historiadores admitem hoje que esse retrato continha mais detalhes no documento original, mas que, logo após a morte de Inácio, seus companheiros os apagaram, pois temiam que poderiam inibir um eventual processo de canonização. Sabemos, de fato, que Inácio teve de comparecer perante um tribunal, porque matou alguém num duelo. Sabemos também que ele teve uma filha ilegítima.

Essa vida de turbulências teve um fim brutal no dia 20 de maio de 1521. Nesse dia, em Pamplona, Inácio comandava o ataque das tropas espanholas contra as do rei da França. Não somente os franceses eram dez vezes mais numerosos, mas, além disso, diferentemente dos espanhóis, tinham canhões. Ao entardecer daquele dia, Inácio foi gravemente ferido nas duas pernas por uma bala de canhão.

A fortaleza de Pamplona caiu com a queda de Inácio. Era costume, na época, que — por caridade — se cortasse a garganta dos soldados atingidos por tais ferimentos, pois deles resultava quase sempre uma gangrena e depois uma morte horrível. Mas, por ser o ferido da família dos Loyola, ele pôde contar com os bons cuidados dos vencedores franceses e foi levado sobre uma padiola ao castelo de Loyola, a fim de ali poder morrer em paz.

Em vez de uma morte sem tardança, uma convalescença com duração de um ano aguardava esse nobre gravemente ferido. Além disso, ia se dar nele uma mudança radical, uma conversão. As circunstâncias em que se encontrava eram de fato tais, que o impetuoso boa-vida que Inácio tinha sido, se via, naquele momento, obrigado a fazer uma profunda revisão. Com seus trinta anos bem vividos — naquele tempo a esperança média de vida era de 36 para os homens — sua vida estava reduzida à previsão de um resto em ruínas. Não tinha esposa nem família; como filho mais novo, nada herdou; sua saúde estava arruinada e sua possível carreira também. Pode-se dizer que toda a espiritualidade inaciana desabrochou a partir daquilo que seria em breve a pergunta-chave de Inácio: "O que devo fazer da minha vida?". Sobre sua cama de enfermo, ele descobriu passo a passo os fundamentos de uma espiritualidade que lhe permitiu achar uma resposta para essa pergunta.

Durante as longas horas de repouso forçado, Inácio passaria todo seu tempo em meio a devaneios. Ei-lo agora imaginando, até os menores detalhes, sua volta à vida passada, mundana, de mulherengo e cavalheiro ambicioso. Nesses sonhos, ele se sente bem e atraído por ela. Outras vezes, sua imaginação o leva para uma direção bem diferente.

Sua cunhada, a nova senhora de Loyola, lhe dava para leitura livros de piedade: um florilégio dos evangelhos e uma vida de santos. No decorrer dessas leituras, Inácio se punha a imaginar que ele viveria como Jesus e os santos. Tais imaginações também lhe davam satisfação e causavam nele uma sensação agradável. Sensação parecida com a que sentia ao se entregar aos sonhos mundanos.

Somente após certo tempo, essas duas experiências provocaram no coração dele algo diferente. O próprio Inácio conta:

> Notou todavia uma diferença: quando pensava nos assuntos do mundo, tinha muito prazer; mas quando, depois de cansado, os deixava, achava-se seco e descontente. Ao contrário, quando pensava em ir a Jerusalém descalço, em não comer senão verduras, em imitar todos os mais rigores que via nos Santos, não se consolava só quando se detinha em tais pensamentos, mas ainda, depois de os deixar, ficava contente e alegre. Mas não reparava nisso, nem parava a

> ponderar esta diferença, até que uma vez se lhe abriram um pouco os olhos, e começou a maravilhar-se desta diversidade e refletir sobre ela. Colheu então, por experiência, que de uns pensamentos ficava triste, e de outros, alegre. Assim veio pouco a pouco a conhecer a diversidade dos espíritos que o moviam, um do demônio e outro de Deus."
>
> RP 8

Em outras palavras, a perspectiva de voltar a ser o cavalheiro Íñigo provocava nele um momento de prazer. Mas quando esses sonhos se interrompiam, caía num vazio e se sentia infeliz. A perspectiva de moldar sua vida sobre a de Jesus também lhe dá alegria. Mas esta é uma alegria que persiste, mesmo acabado o sonho. Uma progressiva tomada de consciência foi acontecendo em Inácio acamado. Deus quer para o ser humano que ele tenha uma vida plena de alegria. Não apenas de tempos em tempos, mas continuamente. Em outras palavras, a alegria persistente é um indicador da proximidade crescente de Deus. Ao contrário, a angústia, o vazio, a tristeza ou a alegria que se transforma em secura estéril após a experiência que a causou é o sinal do afastamento crescente de Deus. Ou o sinal das armadilhas do mau, do diabo, daquele que Inácio chama voluntariamente de inimigo da natureza humana.

Aqui é que se situa o início da conversão de Inácio de Loyola. Como apreciador experiente da vida, ele vê que seguir Jesus é muito mais um caminho em direção à alegria do que uma vida mundana, longe de Deus. À procura do sentido da vida, Inácio encontrou a resposta. Daí em diante, decidiu consagrar sua vida inteiramente a Deus, fonte da maior alegria que ele jamais pôde provar.

> *O que é uma alegria autêntica, durável, e o que também é agradável e atraente, mas no fim leva a um impasse?*

Nos anos seguintes, Inácio foi se exercitando no discernimento. O que é a alegria autêntica, durável, e o que também é agradável e atraente, mas no fim leva a um impasse? Em outras palavras, que pensamentos ou ações me são inspiradas pelo bom Espírito de Deus? E quais me são sugeridos pelo mau espírito, que, sob a aparência de algo atraente, no fim de contas só quer roubar essa alegria persistente que vem da proximidade de Deus? Inácio precisou de muitos anos para conseguir ter claramente essa intuição fundamental e poder oferecer um método confiável que permita aprender a discernir os apelos de Deus.

> *Um fracasso pode ser um novo ponto de partida. Neste caso, uma das chaves é ousar corajosamente olhar de frente sua própria realidade, em vez de a desdenhar ou rejeitar.*

Em Inácio, tudo começou com uma bala de canhão. Na verdade, isso é realmente singular. Na tradição cristã, às vezes se diz que Deus escreve direito por linhas tortas. Quer dizer que, a partir de situações e experiências humanas vividas como francamente negativas, apesar de tudo Deus pode fazer disso o ponto de partida de um importante crescimento pessoal. Um fracasso pode ser um novo começo. Assim foi com Inácio. E isso vale para toda pessoa. Ainda hoje. Neste caso, uma das chaves é ousar corajosamente olhar de frente a própria realidade, em vez de a desdenhar ou rejeitar. Em seguida, estar pronto para abordar sua experiência pessoal fazendo um "discernimento". Isso também vale particularmente para a dimensão afetiva. Porque é no nível do coração, na camada afetiva mais profunda, que se situa a dimensão humana única, própria, de cada pessoa. Muito mais do que no nível da razão, que é mais abstrata e impessoal.

Uma conversão
em longo prazo

AD
MAIOREM
DEI
GLORIAM

O quarto de Inácio onde se encontrava sua cama de doente foi conservado. Lá, sobre um barrote de carvalho, justamente acima do lugar onde ele permaneceu acamado por um ano, foi escrito:

> **Aqui Inácio de Loyola se entregou a Deus.**
> ["Aquí se entregó a Dios Ignacio de Loyola."]

Poderíamos pensar que essas palavras são uma bela fórmula de piedade, como tantas outras que a gente encontra aos milhares nas igrejas e nos castelos espanhóis. Mas estas do barrote exprimem exatamente aquilo que Inácio tinha decidido. A saber, que daí para frente, para cada uma de suas escolhas, ele não se deixaria guiar senão pela alegria. Ele se apoiava, assim, sobre sua experiência de que a alegria verdadeira, a duradoura, lhe indicava o caminho que Deus tinha em vista para ele.

Isso não quer dizer que daí em diante Inácio ia ceder a seus caprichos afetivos: "Eu me sinto bem, eu gosto, por isso faço"; ou, ao inverso, "Hoje de manhã me levantei com o pé esquerdo, por isso me lixo de tudo". Não. Nos anos seguintes, Inácio aprenderá a discernir, sempre com mais acuidade, o que se passa no nível mais profundo do seu coração em oração. É lá, nas moções subjacentes da afetividade, que ele vai aprender a encontrar na vida os indícios da voz de Deus.

A conversão de Inácio foi um processo longo e difícil. Sobre sua cama de doente, ele viveu uma experiência de Deus muito intensa. Essa proximidade de Deus, especialmente sua intimidade com Jesus, vai se prolongar por toda a vida. Mas isso não significa que de um só golpe ele tenha conseguido deixar para trás de si os traços de um caráter pretencioso, competitivo e egocêntrico. É um processo que necessita de anos. A conversão que pode vir de uma intensa experiência de Deus não tem nada de mágico. Se a gente quer que ela penetre e envolva toda a pessoa, precisa-se de tempo, e exige-se luta. Foi assim também com Inácio.

Em especial, Inácio se chocará violentamente com sua vaidade. Pois, mesmo depois de sua conversão, o desejo de realizar ações heroicas continua intacto. No passado, ele queria seduzir belas mulheres ou levar vantagem sobre todos os jovens. Neste momento, ele quer simplesmente atrair Deus ou competir com os santos que encontrou em suas leituras. Ele tinha lido que um daqueles santos rezava durante seis horas por dia. Pois bem, ele, Inácio, rezaria sete! Outro santo jejuou durante cinco dias. Inácio não comeria nem beberia durante sete dias. Além disso, ele faria uma peregrinação. Com sua vontade de ferro, conseguiu realizar todas essas durezas à plena luz do dia. Mas..., a que preço? Ele estragou para sempre seu estômago e seus rins. Além disso, entrou numa depressão que, por um fio de cabelo, não o levou ao suicídio.

> Ele não sabia o que era humildade, nem caridade, nem paciência, nem discrição, para medir e regular estas virtudes.
>
> RP 14

É isso que Inácio escreve quando, no fim de sua vida, pensa no fogoso jovem convertido que tinha sido até então.

Envergonhado e confuso, foi aprender a analisar sob todos os aspectos a *desordem* de sua vida, para em seguida *ordenar* todos os aspectos de sua personalidade — vontade forte, capacidade de reflexão, ambição, carisma, sensibilidade, paixão, senso de honra...

Tudo isso quer dizer: pôr todas as suas paixões em harmonia umas com as outras, de tal maneira que elas deixem de o impedir de viver segundo o evangelho e de se aproximar mais e mais de Deus. A conversão não tem por função que inventemos uma personalidade totalmente nova para nós, mas sim que reorganizemos o material de nossa personalidade, que aqui e ali já existe. Assim, a partir disso, os traços característicos de nossa personalidade nos ajudarão a viver e amar mais. Quanto mais Inácio consegue mostrar conquistas neste domínio, tanto mais a paz e a alegria interior vão crescendo nele.

> ❝ Nesse tempo, Deus o tratava como um mestre-escola trata a um menino que ensina. ❞
> RP 27

Para Inácio, tudo é um processo de aprendizagem. Tudo é como algo que entra em sua vida à maneira de uma graça, de um presente de Deus, mais do que o resultado de seus próprios méritos. No Relato do Peregrino, sua autobiografia, por longas e muitas páginas, ele descreve também as sendas, por vezes inverossímeis e ridículas, por onde ele se perdia. Com isso, quer dar a seus coirmãos e a outros leitores a chance de aprender com os erros dele. O vaidoso se transforma em homem modesto. E assim, ele pode reler com humor e gratidão os comportamentos que eram sem dúvida grotescos, mas que lhe indicaram o caminho de uma verdadeira amizade com Jesus.

Há algo em nós que é um apelo autêntico a sermos libertados. Para podermos emergir. Esse algo quer ser mais vida e mais amor.

É encorajador pensar que a "conversão" é um processo de longo fôlego. Que em primeiro lugar é algo que vem de cima. Não é preciso inventar tudo por própria iniciativa. A conversão também não nos pede que deixemos totalmente para trás nossa atual personalidade. Trata-se, antes, de ordenar melhor o que já está aí. Há em nós alguma coisa que deseja ser libertada, que possa vir à tona. Essa coisa quer ser mais vida e mais amor. Poderíamos nos colocar esta questão: no cotidiano de minha vida, onde é que experimento esse convite a mais vida e mais amor? Não teoricamente, mas na prática. Não de maneira espetacular, mas em minhas ocupações de cada dia. Toda conversão é uma conversão para uma existência mais rica. E o existir começa e termina com coisas pequenas.

Obediência sim, magia não

PIETATE
FECIT POTENTIAM
FORTITVDINE
ZELO
SAPIENTIA
PROSTRATA HERESI FIDES

AD MAIOREM DEI GLORIAM

nácio passa por uma conversão radical. Ele decide mudar o rumo de sua vida. Seria, porém, um erro pensar que o cavaleiro convertido vê claramente, numa única olhada, o que deve fazer de sua vida. Muitas vezes imaginamos que *vocação* significa que Deus nos faz saber, nos detalhes e de uma vez, o que ele deseja de nós. Em outras palavras, é possível que tenhamos uma concepção muito mágica da obediência ao Espírito de Deus. A experiência de Inácio de Loyola indica numa outra direção.

Uma vez curado, quando Inácio deixa o castelo paterno sabe que dali em diante quer pôr toda sua vida a serviço de Deus. Como isso deverá se realizar concretamente, não é ainda muito claro. Um pouco menos de vinte anos separa seu ferimento da fundação da Companhia de Jesus, a obra de sua vida. Durante todos esses anos, Inácio vai progredindo passo a passo no discernimento daquilo que Deus lhe pede. Primeiro, faz isso sozinho; depois de vários anos, com um grupo de companheiros que se unem a ele. Inácio deixa, portanto, inteiramente em aberto o resultado concreto de sua busca. Ele ainda não tem ideia do que vai sair no fim.

Para nós, pessoas modernas, isso pode parecer inaceitável. Queremos ter certezas. Queremos ter, nós mesmos, as rédeas nas mãos e determinar o destino da viagem de nossa vida. Deixem-me ser claro: planejar e organizar, evidentemente é bom. As pessoas responsáveis escolhem não passar pela vida simplesmente se resignando. E elas têm razão. Aliás, Inácio foi um mestre neste assunto. Mas aqui há algo mais na manga. Às vezes não acontece que nos reunimos em equipe para tomar juntos decisões importantes, quando a ata da reunião com as decisões tomadas já está redigida? Ou então: numerosas pessoas de fé desejam fazer verdadeiramente a vontade de Deus, mas, antes disso, vão sugerindo a Deus aquilo que ele deve lhes pedir. Ou também: na prática, muitas vezes, nos deixamos envolver pelo nosso medo diante de um futuro incerto e, para manter sob controle esse medo, queremos, nós mesmos, quanto possível, realizar nosso futuro. Isso porque achamos que o que nós mesmos fazemos é feito melhor. Mas o problema aqui é que o medo é mau conselheiro. A experiência nos ensina claramente que o futuro não está em nossas mãos.

> *Na prática, muitas vezes nos deixamos envolver pelo nosso medo diante de um futuro incerto, e, para manter sob controle esse medo, queremos, nós mesmos, quanto possível, realizar nosso futuro.*

Quão diferente é a atitude de Inácio! Seu jeito de ir avançando não dá absolutamente sinais de hesitação negativa ou de passividade. Ao contrário, poucos homens terão desenvolvido em suas vidas uma quantia tão impressionante de iniciativas inovadoras. Sua atitude é uma escolha consciente que decorre de sua experiência de fé e da confiança que dela resulta.

De fato, Inácio crê que Deus é ativamente interessado pela vida de cada ser humano. Também por aquilo que cada um vive e faz. Na tradição cristã, isso se chama divina Providência: o amor ininterrupto e ativo de Deus que prevê para cada pessoa aquilo de que ela precisa. Só que isso pode ser muito diferente — leiam: *melhor* — do que aquilo que a pessoa em questão tinha pensado ou esperado.

Pois a partir de sua experiência de conversão, Inácio chegou a crer que a busca orante do que Deus pouco a pouco lhe dá a conhecer lhe indicará indubitavelmente o caminho ao que Deus deseja dele. O sinal indicador disso é simplesmente a alegria que ele sentia, ou não sentia, em seu coração orante. A alegria era sua bússola.

Um colaborador jesuíta próximo de Inácio, Jerônimo Nadal, descreve assim essa atitude:

> "Inácio seguia o Espírito, sem o ultrapassar; é assim que ele foi conduzido suavemente ao desconhecido; e pouco a pouco se abriu para ele o caminho que ele percorria sabiamente sem o saber, com o coração simplesmente voltado para Cristo."

Um dos frutos mais evidentes dessa via é a confiança. Aquele que crê num Deus que age, cheio de amor, não precisa ter medo de nada. Ele simplesmente caminha na vida, confiando em Deus. Sobretudo porque Deus, em sua grandeza, sabe bem melhor do que o ser humano limitado qual o melhor caminho a ser andado.

Essa atitude de vida de Inácio nos questiona, a nós que somos gente do nosso tempo, do século XXI. Mais. É bem possível que, com sua radicalidade, Inácio de Loyola já interpelasse o mundo de seu tempo. Por sua atitude, ele de fato nos coloca esta questão: em que e como cremos? Aos cristãos especialmente ele coloca a pergunta se eles creem verdadeiramente no Deus que Jesus revelou, um Deus continuamente criador, que a todo momento, de dia e de noite, está carinhosamente perto de cada ser humano.

Sem dúvida, deveremos muitas vezes responder a essa pergunta com as palavras que o pai do menino possesso dirigiu a Jesus:

> **Eu creio! Mas vem em auxílio da minha falta de fé!**
> Mc 9,24

O desafio agora é saber como podemos proceder do melhor modo possível a esse discernimento ou, em outras palavras, a essa escuta do que o Espírito de Deus nos pede. É o que vamos ver mais profundamente nos próximos capítulos.

Viver a indiferença

AD
MAIOREM
DEI
GLORIAM

PIETATE
FECIT POTENTIAM
FORTITUDINE
ZELO
SAPIENTIA
DE PROSTRATA HAERESI FIDES

"Desejo-lhes boa saúde. Pois é isso que em fim de contas mais importa!" Conhecemos bem esses votos. Pode ser que também nos expressemos assim, especialmente, por exemplo, no Ano-Novo. Uma boa saúde, uma bela família, uma conta bem garantida no banco, um *hobby* agradável, boa reputação, amigos fiéis... Quem não sonha ter isso? Essas coisas parecem ser um caminho rápido para uma felicidade durável.

É claro que sempre se tratam de coisas boas. Mas também é claro que, seja qual for a intensidade de nossos desejos, essas coisas boas não são de modo algum garantia de felicidade. Pessoas que dão fim à sua vida podem ter excelente saúde. Pessoas riquíssimas podem se afundar na tristeza ou na solidão. Conheço pessoas gravemente doentes que, para sua própria surpresa, constatam que nunca foram tão felizes. Quando no início de minha vida religiosa de jesuíta fiz o voto de pobreza, era (e continua sendo) porque estou convencido de que a sobriedade é para mim um caminho para mais felicidade.

Como podemos fazer nosso melhor com esses paradoxos? Inácio de Loyola nos faz uma proposta sólida no texto de abertura de seus *Exercícios Espirituais* (um exercício de oração por trinta dias seguidos).

Princípio e fundamento

>> O homem é criado para louvar, reverenciar e servir a Deus Nosso Senhor e mediante isto salvar sua alma. As outras coisas sobre a face da terra são criadas para o homem e para o ajudarem na consecução do fim para o qual foi criado.

>> Daí se segue que o homem há de usar delas tanto quanto o ajudam para seu fim, e há de desembaraçar-se delas tanto quanto o impedem para o mesmo fim.

>> Por isso, é necessário fazer-nos indiferentes a todas as coisas criadas, em tudo o que é permitido à nossa livre vontade e não lhe é proibido, de tal maneira que não queiramos — de nossa parte — antes saúde que enfermidade, riqueza que pobreza, honra que desonra, vida longa que vida breve, e assim em tudo o mais, desejando e escolhendo somente o que mais nos conduz ao fim para que somos criados.

EE 23, ed. François Courel, SJ
Trad. port. e anotações: Pe. Géza Köveces, SJ

Algumas palavras de explicação sobre este texto que data do século XVI. Inácio considera que o sentido da vida humana reside na participação da vida eterna e do amor de Deus. Toda a criação é orientada para este fim. Ela nos dá os meios para o atingir: saúde, riqueza, honra... — seja qual for sua importância — nada mais são que magníficos meios para chegar ao fim para o qual a pessoa humana é criada. Alguns o alcançarão graças à saúde e à prosperidade. Outros não terão senão uma vida curta e talvez difícil. Pode igualmente ser uma vida plenamente realizada. Sem dúvida, a vida de Jesus é o exemplo mais eloquente disso.

Isso significa, portanto, que todos esses belos meios não têm valor absoluto. Eles não são caminho para a felicidade senão a partir do momento em que Deus nos convida realmente a nos servir de um ou de outro desses meios. Por isso é que Inácio fala de *indiferença* em relação a eles. O que não quer dizer, para ele, apatia, desinteresse, e sim liberdade interior: não escolher a riqueza por ela mesma; ou, inversamente, não escolher por princípio a pobreza por ela mesma. Antes, fazer a escolha à qual sentimos em nosso coração orante que Deus nos convida. E fazer sempre essa escolha porque cremos que o desejo de Deus com respeito a nós é um desejo de plenitude de vida e de amor, bem melhor do que aquilo que poderíamos imaginar.

A *indiferença* inaciana é, portanto, a atitude de uma pessoa que se tornou tão confiante e livre em seu foro interno, que ela pode dizer: "Senhor, se tu me convidas agora a ir para a esquerda ou para a direita, isso me é igual. Tenho tanta confiança que tu me pedes unicamente o que é melhor para mim, que meu único desejo é fazer tua vontade". A liberdade interior é uma condição fundamental para poder fazer discernimento, para poder chegar a conhecer o que Deus pede de mim, para que seu desejo de eu ser feliz possa se realizar.

Como seres humanos, nosso problema é que temos muitas vezes a tendência de nos agarrar de tal maneira aos meios humanos que eles se tornam um fim em si.

> ❝ Há outros que primeiro querem conseguir benefícios, e depois neles servir a Deus. De maneira que estes não vão diretamente a Deus, mas querem que Deus venha diretamente às suas afeições desordenadas, e por conseguinte fazem do fim meio e do meio, fim. ❞
>
> EE 169

Certas pessoas parecem viver somente para o dinheiro, o luxo, a reputação ou, pior, para a garrafa. Todo resto deve se inclinar perante esses ídolos da escravidão. Assim como a proximidade com Deus revela o que há de mais belo no ser humano, os ídolos da escravidão fazem vir à tona o lado obscuro da humanidade. A obediência interior torna-se então bem difícil.

Em nossa busca de qualidade melhor de vida, é muito bom nos interrogarmos sobre nossa liberdade interior e perceber o que em nossa vida faz realmente nossa finalidade e os meios que empregamos para aí chegar. Para isso, a bondade e a humildade são importantes, porque para nós, seres humanos, é quase inevitável ter certos apegos, e isso ocorre de tal maneira que pode nos tirar a liberdade interior. Quando eu era jovem jesuíta, um colega mais idoso me falava de pequenos coelhos brancos: um menino mostra para seu melhor amigo sua caixa de brinquedos e lhe diz: "Que alegria em te ver! Podes escolher o que quiseres. É presente. Somente... este pequeno coelho branco não podes pegar, porque ele é de fato só meu".

> *Em nossa busca por uma qualidade melhor de vida, é muito bom nos interrogarmos sobre nossa liberdade interior e perceber o que em nossa vida é realmente nossa finalidade e os meios que empregamos para chegar a ela.*

Todos nós temos pequenos coelhos brancos que andam pelo nosso jardim interior. Coisas grandes ou pequenas, atitudes, dinamismos... coisas a que somos mais apegados do que desejaríamos, e das quais às vezes até nos envergonhamos. Isso é humano. Já é um grande passo reconhecê-lo. Pode ser que com o tempo possamos nos desvencilhar de um ou outro pequeno coelho branco. Mas também existe a chance, bem grande, de que outro coelho branco venha no lugar dos que deixamos.

No fim dos *Exercícios Espirituais*, voltamos a encontrar essa ideia da liberdade interior na prece em que Inácio resume tudo, a prece do *Suscipe*. Mas desta vez num contexto relacional, pois é uma oração:

> "Tomai, Senhor, e recebei
> toda a minha liberdade,
> a minha memória,
> a minha inteligência
> e toda a minha vontade,
> tudo o que tenho
> e possuo.
> Vós mo destes;
> a vós, Senhor,
> o restituo.
> Tudo é vosso;
> dispõe de tudo
> inteiramente,
> segundo a vossa vontade.
> Dai-me o vosso amor e graça,
> que esta me basta."
>
> EE 234

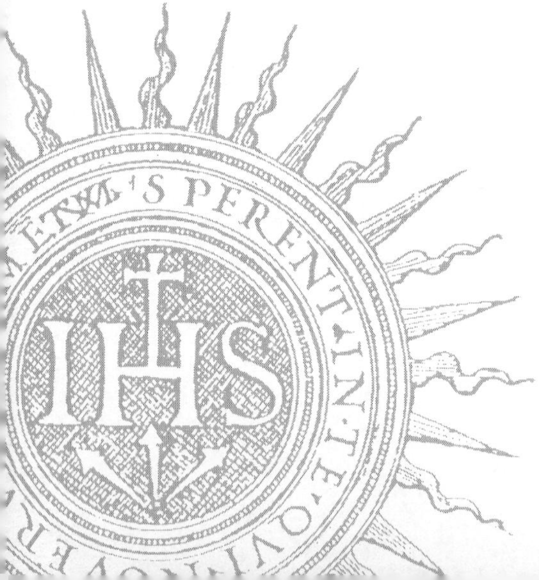
IHS

Fazer discernimento na vida de todos os dias

PIETATE

FECIT POTENTIAM

FORTITUDINE

ZELO

SAPIENTIA

PROSTRATA HERESI FIDES

AD MAIOREM DEI GLORIAM

Em 1546, sete anos depois da fundação da Companhia de Jesus, Francisco de Borja se tornou jesuíta. A particularidade deste jovem viúvo era que ele era Duque de Gandia, um grande da Espanha, vice-rei da Catalunha. Era um homem que dispunha de enorme experiência de governo e também de uma agenda cheia de endereços. É por isso que, em 1552, o Papa Júlio III e o imperador Carlos V achavam que ele deveria ser feito cardeal. Em outras palavras: colaborador do Papa no nível mais alto. Para tanto, pediram a permissão de Inácio, o Superior Geral, que se vê, com isso, posto diante de uma escolha complicada. É difícil dizer não a grandes senhores. Mas, nesta situação, dizer sim significava também que Inácio deveria deixar partir um de seus melhores colaboradores. Como bom gestor e diplomata que era, Inácio começou por refletir sobre todos os argumentos e a examiná-los profundamente. Como em muitos negócios complexos, manifestou-se também aqui que havia argumentos pró e contra. No fim do discernimento, Inácio enviou a Francisco a carta abaixo. Nela, explicou como finalmente chegou a dizer não.

> Roma, 5 de junho de 1552
>
> [...] quanto ao chapéu de cardeal, pareceu-me bom de vos expor o que se passou em mim, para a maior glória de Deus. Desde o momento em que fui informado de que o imperador vos tinha proposto de que o Papa teria contentamento fazendo-vos cardeal, eu experimentei imediatamente uma inclinação ou moção de interpor um obstáculo com todo o meu poder. Apesar de tudo, porém, diante dos numerosos argumentos em favor e contra, eu não tinha certeza da vontade divina.

> [...] durante esse tempo, eu sentia em mim certos receios quando refletia e examinava o assunto em meu espírito. Faltava-me liberdade interior para tomar uma posição e impedir o negócio. Eu dizia para mim: será que eu sei verdadeiramente o que Deus Nosso Senhor deseja fazer? E eu não encontrava dentro de mim inteira segurança para me opor. Em outros momentos, quando voltava à minha oração habitual, sentia o receio desaparecer. Eu voltei várias vezes à minha oração, às vezes sentindo receio, outras vezes o contrário.
>
> No terceiro dia, finalmente, durante minha oração habitual, e sempre depois dela, eu sentia em mim um julgamento tão claro e uma resolução tão calma e livre para me opor, tanto quanto o podia, ao Papa e aos cardeais, que, se não me opusesse, estava certo, e assim estou ainda agora, de que eu não poderia seriamente me justificar diante de Deus Nosso Senhor.
>
> Inácio."

Podemos notar duas coisas nessa carta. Inácio não menciona nenhum argumento racional quanto ao conteúdo. Seja qual for a importância desse tipo de argumento, em última instância não é sobre essa base que ele toma sua decisão. Inácio descreve apenas os movimentos afetivos que se produzem no coração dele em oração. Em qualquer discernimento, somos, portanto, testemunhas da maneira como Inácio tomava suas decisões. Ele buscava a vontade de Deus, fazendo atentamente a releitura do que se passa em seu coração na oração, quando ele submete "o negócio" a Deus. Fazendo isso, está continuamente à procura do que ele chama de "consolação", que é o contrário de "desolação".

Eis como Inácio descreve esses dois conceitos:

> Denomino consolação todo aumento de esperança, fé e caridade e toda alegria interna, que chama e atrai para as coisas celestiais e a salvação da própria alma, tranquilizando-a e pacificando-a em seu Criador e Senhor."
>
> EE 316

A consolação se refere essencialmente à experiência de um aumento de vida e de amor, sinal de uma proximidade crescente junto de Deus e de que é preciso continuar a ir nessa direção. A desolação é o contrário:

> Chamo desolação todo o contrário... por exemplo, escuridão da alma, perturbação, moção para coisas baixas e terrenas, inquietude de diversas agitações e tentações, impelindo à falta de confiança, sem esperança, sem amor, e como que separada de seu Criador e Senhor."
>
> EE 317

São Pedro Fabro, um dos cofundadores dos jesuítas e grande especialista do discernimento, menciona em seu memorial numerosos casos nos quais ele apela a um discernimento. É interessante olhar para as palavras que ele usa nesses casos, de modo especial em relação à consolação e desolação, tanto no campo dos sentimentos como no da inteligência.

Consolação

» *Intelectualmente*: compreender, o espírito se abre, comunicação, receber uma resposta, ver.

» *Afetivamente*: plenitude, desejo, força, alegria, gosto, contentamento, paz, repouso, bem-estar, ardor.

Desolação

» *Intelectualmente*: confusão, distração, incompreensão.

» *Afetivamente*: amargura, fechamento sobre si mesmo, tristeza, dureza, aversão, frieza, agitação, desordem, perturbação, mal-estar, tormento.

Atenção: o método do discernimento não é um salvo-conduto para a ditadura de um sentimento superficial. Não se trata de: "Eu acho isso interessante, por isso faço. Eu acho que isso não tem graça, por isso não faço." Antes, o discernimento exige que aprendamos a nos pôr à escuta das regiões mais profundas da nossa afetividade: o nível de sensibilidade que não depende da qualidade do nosso sono, do tempo ou de nossos hormônios. Pode ser que na superfície haja agitação e até mesmo tempestade. Apesar disso, é possível que experimentemos — sim, apesar disso — a mais profunda paz, e que tenhamos certeza de que agimos bem.

O discernimento exige que aprendamos a nos pôr à escuta das regiões mais profundas da nossa afetividade: o nível de sensibilidade que não depende da qualidade do nosso sono, do tempo ou de nossos hormônios.

O discernimento também requer que aprendamos a distinguir a verdadeira consolação da falsa. Divulgar fofocas, por exemplo, na hora causa certo sentimento agradável — se não fosse tão agradável, não seria feito tão massivamente como vemos que é. No entanto, quando, depois, voltamos a pensar, percebemos geralmente que não ficou em nós uma boa lembrança. Em geral, podemos reconhecer a verdadeira consolação no fato de ela perdurar mesmo depois dos fatos que lhe deram origem. Inversamente, pode ser que sentimentos desagradáveis provenham igualmente de Deus. Se, por exemplo, causamos problemas, pode ser que depois sintamos arrependimento. O que não é agradável. Contudo, geralmente o arrependimento vem de Deus. Ele significa que estamos conscientes de nossa falta e que tomamos a resolução de corrigir nossa vida daí para frente.

Mais uma coisa, para concluir: Na carta citada acima, Inácio faz continuamente alusão à sua oração. De fato, o discernimento exige muito mais do que só introspecção.

A condição para reconhecer a grande importância dos sentimentos é que o coração da gente seja continuamente nutrido e educado. Com efeito, os sentimentos humanos não são confiáveis por definição. Eles podem também estar deformados — basta pensar na perversão. Para os cristãos, isso significa, de maneira especial, que é necessário que tanto quanto possível o coração esteja unido com o de Jesus, o grande mestre no amor. Somente na medida em que o coração for continuamente afinado e purificado, poderá tornar-se concretamente o receptáculo do desejo de amor de Deus pelo ser humano.

Isso não quer dizer que os não cristãos sejam incapazes de discernir. O Espírito de Deus não se deixa encerrar apenas numa Igreja ou só numa religião. Felizmente! Mas também aqui, sob a condição de educar e orientar continuamente o coração.

Oração na vida:
rezar com o
quinto evangelho

FECIT POTENTIAM

PIETATE

FORTITUDINE

ZELO

SAPIENTIA

DEPROSTRATA HERESIS FIDES

S IGNATIO VIC

AD MAIOREM DEI GLORIAM

nácio era um apaixonado por Jesus. Ele consagrava todo dia muito tempo à oração. Tinha jeito para a vida mística. Era particularmente sensível à presença de Deus. Como ocorre muitas vezes com os verdadeiros amigos de Deus, raramente falava de sua oração pessoal e íntima. Contudo, no fim de sua autobiografia, em confiança narra o seguinte sobre sua vida interior:

> "...Sempre crescera em devoção, isto é, em facilidade de encontrar a Deus e agora mais que em toda a sua vida. Sempre, a qualquer hora que queria encontrar a Deus, o encontrava."
>
> RP 99

Inácio tinha, de fato, uma união excepcional com Deus. Juntamente com a arte de discernimento, essa união, esse apego a Deus, estava na base de seu governo como Superior Geral. Ele era particularmente sustentado e escudado por uma forma de oração que lhe era muito cara. É a mais típica de todas as formas de orações inacianas. Nós a chamamos hoje, e aqui neste livro, de "oração na vida". Tem também outros nomes: exame da atenção, exame da consciência ou reflexão. Inácio mesmo fala de exame de consciência. É um modo de oração bem simples. Tem três partes, cada uma das quais se resume numa expressão: "obrigado", "perdão", "por favor". Nessa ordem.

Como fazer essa *oração na vida*? É simplesmente uma oração. Portanto, mais que pura introspecção. Por isso, no início é importante tomar tempo para se colocar na presença de Deus. Também podemos pedir a Deus que ele faça conosco a releitura de nossa vida.

A primeira e a parte mais importante dessa *oração na vida* é o *obrigado*. Especialmente a releitura dos acontecimentos do período transcorrido que nos deram *consolação*.
No intervalo de tempo em que estamos relendo, o que nos tem dado alegria, abertura, força, coragem, paz?
Tomemos tempo para deixar vir ao nosso olhar, ou ao nosso ouvir, aquela visão, aquela palavra, aquela música, aquele gesto, aquela ideia... Tomemos tempo para sentir e saborear isso em nosso coração e, se possível, para dizer obrigado por isso tudo. Por pequena e insignificante que possa parecer, essa *consolação* nos diz alguma coisa sobre o lugar onde fizemos a experiência de Deus e sobre a maneira como a vivemos. Aliás, pequenos detalhes são mais importantes que grandes acontecimentos que saltam aos olhos. De fato, esses últimos não acontecem senão raramente ou nunca. Por outra parte, nossa vida é cheia de acontecimentos "banais". Se for justamente neles que aprendemos a discernir a presença de Deus, então estamos na estrada real que se abrirá para nós a cada dia e por um longo tempo.

> *No intervalo de tempo em que estamos relendo, o que nos tem dado alegria, abertura, força, coragem, paz?*

Dizer obrigado ajuda a ser humilde. Com efeito, não dizemos obrigado a nós mesmos, mas àquele que está na origem do bem que nos foi feito. Quanto mais tomamos consciência dessas pequenas pérolas frequentemente minúsculas em nossa vida, tanto mais espaço lhes podemos dar e tanto mais podemos, então, chegar conscientemente perto do coração da vida que, para os cristãos que creem, é o Senhor vivo.

É importante começar de propósito essa releitura orante pelo obrigado. Pois temos uma tendência especial de enxergar sobretudo o que está errado. Claro, no futuro queremos evitar o que nos fez mal. Apesar de tudo, Inácio nos convida a dar prioridade ao obrigado. Realmente, é mais importante saber onde Deus esteve presente do que onde esteve ausente. É mais pleno de sentido tomar, sobretudo, consciência da vida e do amor em nossa vida do que de sua ausência. Concretamente, isso quer dizer que, quando temos pouco tempo, podemos restringir nossa *oração na vida* a dizer obrigado.

É somente depois do amadurecimento dessa atitude de reconhecimento que há todo o sentido também em pedir perdão. Pois a gratidão nos dá a possibilidade de tomar consciência, abertamente e com plena confiança, de que também há sombras em nossa vida. Em que situações estivemos tristes, vazios, irritados, chateados, desesperados? O que foi que nos afastou da vida e, portanto, de Deus? O objetivo agora não é de se comprazer nessa desolação, e sim de tomar consciência dos impasses em nosso modo de ser e de nos comportar. Segundo Inácio, chegar a compreender nosso pecado é uma graça, um dom de Deus. Com efeito, isso nos pode ajudar no futuro a não mais cair nessas armadilhas.

Em que situações estivemos tristes, vazios, irritados, chateados, desesperados?

Uma tomada de consciência de nossa recusa ou de nossa incapacidade de dizer sim à vida não nos autoriza a mergulhar numa autocompaixão ou em sentimentos estéreis de culpabilidade. A segunda forma de *oração na vida* se transforma verdadeiramente em oração quando leva ao arrependimento: à consciência de que o caminho percorrido não conduz à vida; consciência acompanhada da resolução de se converter, quer dizer, de agir diferente. Esta parte da oração na vida pode ser um trampolim para um desabrochar para mais vida. O arrependimento tem como efeito permitir que sejamos pessoas mais livres, pois ele abre a porta para uma escolha pessoal de agir diferentemente, de crer nessa bela humanidade para a qual todos somos chamados.

Assim chegamos à terceira e última parte da *oração na vida*: o *por favor*. Aqui, estamos com os dois pés bem no chão. O *obrigado* nos deu mais consciência da presença de Deus em nossa vida. O pedido de *perdão* nos tornou mais conscientes de sua ausência. O que podemos concluir disso? "Por favor" tem uma dupla significação. Em primeiro lugar: o que oferecemos, que resolução tomamos, que ponto de atenção particular percebemos vir à tona? Isso não significa que queremos mudar tudo imediatamente. Não dá.
É melhor se limitar a um ou dois pontos concretos entre o que é realizável: dar atenção a tal pessoa, a esse aspecto

da profissão, à maneira de se alimentar... Só podemos caminhar, dando um passo após o outro. Isso vale também para a vida.

O que oferecemos, que resolução tomamos, que ponto de atenção particular percebemos vir à tona?

Por favor tem também outro significado. Dentro dessa terceira etapa da *oração na vida*, podemos também pedir a Deus sua ajuda. A experiência mostra que o ser humano é ao mesmo tempo forte e fraco. Como cristãos, cremos que Deus não deseja senão nos ajudar e nos dar aquilo de que precisamos. É necessário imediatamente acrescentar aqui que a resposta à nossa oração de pedido pode ser diferente daquilo que visamos. Assim, pode ser que, quando temos um desentendimento com outra pessoa, peçamos a Deus que "o outro" se comporte no futuro de modo mais conveniente. Ora, pode então também acontecer que a resposta que percebemos no fundo do nosso coração orante seja exatamente um convite para que nós mesmos adotemos uma atitude diferente nesse relacionamento. Deus não se deixa instrumentalizar. Felizmente.

Podemos consagrar um tempo mais longo ou mais curto à *oração na vida*. Cinco minutos antes de dormir podem, na verdade, já fazer a diferença. Quanto a Inácio, ele fazia dois minutos de *oração na vida* no fim de cada hora do dia. Quando um jesuíta não tem tempo para rezar, ele pode deixar cair tudo, menos a oração na vida. Com efeito, ela é uma das formas de oração mais eficazes para encontrarmos a Deus na vida cotidiana. É por isso que às vezes se diz que essa forma de rezar na vida é *rezar com o quinto evangelho*: é ler o relato que Deus escreve hoje conosco.

A *oração na vida* só ganha de fato todo o seu sentido se a praticamos regularmente. Só neste caso nossas antenas interiores, que estão sintonizadas com nossos sentimentos, podem se afinar e focalizar melhor. Quem faz a releitura orante pode se tornar *contemplativo na ação*: aprender a sentir e a saborear a presença de Deus, não somente no silêncio da oração ou na intensidade de uma celebração, mas também em todas as atividades da vida normal, cotidiana.

Como fazer
uma escolha?

FECIT
POTENTIAM

PIETATE

FORTITUDINE

ZELO
DE
PROSTRA
TA
HAERESI
FIDES

SAPIENTIA

AD
MAIOREM
DEI
GLORIAM

Durante o tempo em que foi Superior Geral da Companhia de Jesus, Inácio de Loyola manteve uma correspondência com as cabeças coroadas católicas da Europa. As grandes damas, os grandes senhores lhe pediam conselhos nos momentos em que deviam tomar decisões importantes. De fato, o método de discernimento que Inácio usava pode ajudar muito para fazer escolhas. Por isso, muitos também consideram a espiritualidade inaciana uma pedagogia espiritual para o ato de escolher.

É evidente que não foi de repente que Inácio se tornou um perito em matéria de escolha. Em sua autobiografia, ele não se envergonha de contar como, pouco depois de sua conversão, ele se entregava a essa tarefa de modo sumário e desajeitado. Aquela história do "Mouro" ficou célebre. Foi assim: quando Inácio estava em peregrinação, encontrou-se com um muçulmano, e conversaram também sobre a Virgem Maria. No decorrer da conversa teológica entre eles, os dois entraram em desacordo e terminaram por se separar. Com o senso de honra que tinha, logo depois da separação, Inácio ficou perguntando a si mesmo se a honra de Maria não exigia dele ir em perseguição do "Mouro" e o matar. Em outras palavras: ei-lo diante de uma escolha. Inácio mesmo conta como ele agiu então.

> " Depois de cansado de examinar o que seria bom fazer, não achando coisa certa a que se determinasse, resolveu deixar a mula com a rédea solta até o lugar onde se dividiam os dois caminhos. Se a mula fosse pelo caminho da vila, buscaria o mouro e lhe daria punhaladas. Se não fosse para a vila,

> mas pela estrada real, o deixaria em paz. Quis Nosso Senhor que a mula tomasse a estrada real, ainda que a vila estivesse a pouco mais de trinta ou quarenta passos e o caminho para ela fosse muito largo e muito bom."
>
> RP 16

Não é sem razão que Inácio conta esse fato anedótico pouco elogioso. Pois, ainda que a um nível bem elementar, encontramos aqui a chave que dá acesso à pedagogia inaciana da escolha. De fato, recorrendo e apelando a uma instância exterior é que Inácio chega a fazer sua escolha. Nesta etapa ainda primitiva de seu desenvolvimento espiritual, o outro que ajuda a escolher é… uma mula. Rapidamente Inácio conseguirá afinar e sistematizar sua técnica de escolher. Mais precisamente, o papel do Outro será atribuído a Deus!

Em seus *Exercícios Espirituais*, Inácio distingue três métodos (ele fala de *tempos*) com que se pode fazer uma escolha acertada e boa.

Primeiro tempo

> É aquele em que Deus Nosso Senhor move e atrai a vontade de tal maneira, que, sem duvidar nem poder duvidar, tal alma devota segue o que se lhe mostra. Assim o fizeram São Paulo e São Mateus, ao seguirem a Cristo Nosso Senhor.
>
> EE 175

Segundo tempo

》》 É aquele em que se adquire muita clareza e conhecimento por meio da experiência de consolações e desolações, bem como da experiência do discernimento dos vários espíritos.

EE 176

Terceiro tempo

》》 É quando a alma não é agitada por vários espíritos e usa de suas potências naturais livre e tranquilamente. Esse terceiro tempo é tranquilo...

EE 177

O *primeiro tempo* não é propriamente um método que possamos manejar. É um presente, uma graça que nos acontece. Pode acontecer que a escolha caia, por assim dizer, do céu. E isso, com uma força de persuasão tal que não reste mais nenhum espaço para dúvida, seja qual for.

Durante um retiro, um colega e amigo meu compreendeu subitamente, quando era jovem, que ele era chamado a se tornar jesuíta. Concretamente, esse apelo veio acompanhado de um forte e indescritível sentimento de súbita alegria. Hoje, depois de várias dezenas de anos, mesmo que sua caminhada tenha sido às vezes difícil, ele não pode deixar de constatar que jamais duvidou, um segundo que fosse, de que naquela vez ele foi convidado pelo próprio Deus para aquele caminho.

*Um presente, uma graça
que nos acontece.*

O *segundo tempo*, ao contrário, é de fato um método que podemos aplicar conscientemente. Podemos chamá-lo de "método da balança afetiva". Como é que funciona? Em primeiro lugar, devemos formular duas alternativas equivalentes, pois não podemos fazer uma escolha entre uma coisa e nada. Assim, quando estamos diante da escolha de quais estudos fazer, podemos determinar duas orientações equivalentes, que são ambas realistas para nós e merecem igual estima. Tomamos, então, tempo, durante uma semana inteira, de viver como se tivéssemos escolhido consciente e definitivamente a orientação A de estudo. E examinamos, uma ou duas vezes por dia, como nos temos sentido durante o dia e anotamos nossos sentimentos a respeito dessa escolha: estivemos em paz, contentes, dinâmicos... ou, ao contrário, em tensão, ansiosos, mal-humorados...? No fim da primeira semana, fazemos o balanço. Na segunda semana, procedemos do mesmo modo, porém, com respeito à orientação B de estudos.

*A balança afetiva:
vivamos como se tivéssemos
feito uma escolha
consciente e definitiva.*

Há uma chance real de que percebamos uma diferença significativa entre a semana 1 e a semana 2. O resultado pode também não ser decisivo. Também pode ser que para certas pessoas este segundo método não seja aplicável, por elas terem uma vida afetiva tão constante que não sintam nem piques muito altos e nem muito baixos. Isso não é nenhum problema, pois há também um terceiro método: a "balança racional", que pode ser uma alternativa como método complementar ou de confirmação do segundo método.

A balança racional: fazer o inventário de todos os argumentos racionais.

O *terceiro tempo* apela totalmente à inteligência e à razão, e trata o assunto de maneira analítica. Retornamos à primeira alternativa, a orientação A de estudos. Faremos agora o inventário de todos os argumentos racionais possíveis em favor dessa orientação A. Depois disso, vamos colher todos os possíveis argumentos contra essa orientação. Em seguida, avaliamos todos os argumentos, dando um valor a todos, de 1 a 10, como mais ou menos importantes. Depois, somamos os totais dos valores atribuídos aos argumentos pró e aos argumentos contra a orientação A, e constataremos para que lado pende a balança. Fazemos em seguida a mesma coisa em relação à orientação B de estudos. Podemos ainda tornar mais aguda a aplicação desse método, considerando mais uma vez os argumentos a favor ou em desfavor de cada possibilidade de escolha, mas agora na sua expressão negativa: "Não vou escolher a orientação A de estudos", e o mesmo para a orientação B.

Não há dúvida de que o primeiro método é o mais forte e o que dá mais segurança e convicção. O problema é que nós não o controlamos. Por definição, ele é excepcional. O segundo método é acessível a muitas pessoas. Ele é a aplicação direta do discernimento inaciano. Terá ainda mais força e dará ainda mais confiança se for acompanhado por uma oração para obter a abertura e a liberdade interior. O terceiro método é acessível a todos. Pode ser que as conclusões obtidas pelo segundo e pelo terceiro se contradigam. Nesse caso, é importante ter presente que o coração, mais que a razão abstrata, fala do único desejo que vive na pessoa.

A fé em Deus suscita a fé no ser humano

S IGNATI VIC

FECIT POTENTIAM

PIETATE

FORTITVDINE

ZELO
SAPIENTIA

DE PROSTRATA HÆRESI FIDES

AD MAIOREM DEI GLORIAM

Conservam-se 6.641 cartas de Inácio de Loyola, o que constitui a mais importante coleção de cartas redigidas no século XVI por uma só pessoa. A maior parte delas foi escrita por Inácio enquanto era Superior Geral dos jesuítas. Nelas encontramos muitas vezes orientações precisas destinadas a algum companheiro jesuíta sobre a maneira de administrar um problema concreto. Isso não é de estranhar na pena de um administrador. O que pode surpreender mais é a pequena frase com a qual Inácio conclui muitas vezes suas instruções: "Enfim, caro irmão, se a partir de vossa oração e de vossa reflexão pessoal chegardes a considerar que é melhor escolher outro modo de proceder, então procedei assim."

De boa vontade, Inácio confiava nas pessoas. De preferência, antes muito que pouco. Ele tinha uma visão otimista do ser humano. Valha como testemunho o seguinte extrato da meditação final dos *Exercícios Espirituais*:

> " Considerar como Deus habita
> nas criaturas: nos elementos, pelo ser;
> nas plantas, pelo crescimento;
> nos animais, pela sensação; nos homens,
> pelo entendimento. E assim sendo,
> em mim, dando-me o ser, a vida,
> os sentidos e a inteligência; e ainda
> fazendo de mim templo seu, já que
> fui criado à semelhança e imagem de
> sua Divina Majestade. "
>
> EE 235

O fundador dos jesuítas se encontra em boa companhia. Já pelo fim de século II, Ireneu, bispo de Lyon e um dos

Padres da Igreja, escrevia: "Deus se fez homem para que o homem possa se tornar Deus."; ou ainda: "A glória de Deus é o ser humano vivo". Inácio crê que o ser humano, criado à imagem e semelhança de Deus, é chamado para grandes coisas. Em particular, que lhe é dado fazer diretamente a experiência de Deus. No mais profundo de seu coração estão presentes a grandeza e a beleza infinitas de Deus. Em cada momento, de maneira única. Apesar de sua pequenez e fragilidade, o ser humano é grande e digno. Porque o próprio Deus habita nele.

Para Inácio, a Bíblia, a tradição da Igreja e a comunidade de fé viva são os lugares privilegiados para a descoberta de Deus. Também os Sacramentos ocupam um lugar especial nas possibilidades de encontro com Deus. Mas o que é característico em Inácio é o papel que dá à experiência pessoal como lugar da descoberta de Deus. A linguagem de que ele se serve para falar ao ser humano é a linguagem da experiência. Em sua experiência pessoal, o ser humano pode descobrir diretamente a presença de Deus. E isso tanto mais na medida em que essa experiência for enriquecida e purificada por uma relação de aliança com Deus. É por isso que Inácio dá tanta importância à *oração na vida* — a oração a partir da experiência pessoal (ver capítulo *Oração na vida: rezar com o quinto evangelho*) — e à oração em geral. Elas ajudam a encontrar os sinais da vontade de Deus. Deus fala a cada pessoa de maneira única.

Essa visão do ser humano ilustra a maneira como Inácio se comporta com seus semelhantes. Graças à sua fé em Deus, ele ousa crer inteiramente nas potencialidades do ser humano. Para ele, é coisa natural antes confiar do que admitir uma desconfiança e suspeita. Como administrador, ele endereça seus subordinados às próprias experiências e ao próprio discernimento, em vez de ele mesmo escrupulosamente regular tudo. Em caso de dúvida, Inácio prefere antes deixar uma chance do que trancar a porta à chave por medida de segurança. Apesar de sua experiência e sua sabedoria pessoal, quando se trata de acompanhamento espiritual de um outro, Inácio se torna muito discreto. É assim que ele torna possível ao outro crescer em capacidade de discernimento e, portanto, de autonomia.

A representação inaciana de Deus e do ser humano decorrem uma da outra. Não há concorrência entre Deus e o homem. Antes, uma confiança mútua de que o ser humano é capaz de superar a si mesmo. É assim que ele pode participar da grandeza de Deus e dar testemunho disso. Gábor Hevenesi, jesuíta húngaro do século XVII, resumiu essa visão e essa maneira de proceder de Inácio com o duplo paradoxo seguinte:

> Tenha fé em Deus como se o resultado do seu trabalho dependesse de você e não de Deus. Esforce-se como se nada fosse ser realizado por você, mas tudo por Deus.

Não surpreende que Inácio tenha entrado na história não apenas como grande conselheiro espiritual, mas também como pedagogo inovador. Oito anos depois da fundação da Companhia de Jesus, em 1548, o primeiro colégio jesuíta abria suas portas em Messina, na Sicília. Num período de cinquenta anos, não menos de 350 colégios lhe seguiram. A pedagogia inaciana se inspira nas mesmas intuições fundamentais que inspiram a espiritualidade inaciana.

O ensino jesuíta tem a reputação de ser intelectualmente muito exigente. Entretanto, não é a transmissão de conhecimentos que vem em primeiro lugar. Este é somente um meio para conseguir o verdadeiro objetivo: a formação da personalidade. Bem depressa, os jesuítas chamaram o seu projeto de ensino de "humanidades": *tornar-se mais humano*. É disso que se trata.

A humanidade pessoal de cada criança tanto mais poderá se desenvolver quanto mais se confiar na criança. Quanto mais tiverem confiado em nós, tanto mais poderemos mais tarde, por nossa vez, merecer confiança e assumir responsabilidades. Do mesmo modo, sermos aprovados por encorajamentos pessoais tem mais sentido do que sermos aprovados mais tarde.

> *Quanto mais tiverem confiado em nós, tanto mais poderemos mais tarde, por nossa vez, merecer confiança e assumir responsabilidades.*

É importante que a criança, que cada criança, possa fazer experiências de resultados. Assim, ela será capaz de descobrir o que há de bom nela. Por isso, é desejável oferecer à criança ampla possibilidade de escolhas. Não somente o conteúdo das matérias. Mas também as demais atividades extraescolares possíveis.

Nenhuma criança está condenada à mediocridade. Uma descobrirá que ela é boa em matemática; outra, em habilidades sociais ou no canto; outra, no esporte, em coisas técnicas ou na cozinha. Uma boa educação oferece à criança a ocasião de saborear a alegria que sentimos quando aprendemos a escolher aquilo em que somos de fato bons: é esse também nosso mais profundo desejo na vida.

Aquele que aprender a firmar suas escolhas, pequenas e grandes, sobre esse desejo mais profundo, encontrará uma fonte quase inesgotável de energia. E é também assim que as verdadeiras humanidades permitem à pessoa beber na fonte inexaurível que chamamos Deus.

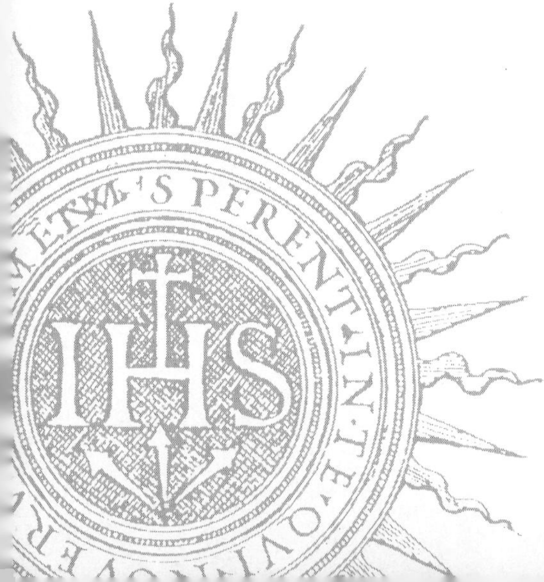
S PERENT·IN·TE·QVI·NOVER
IHS

Inácio e sua rude receita de felicidade

FECIT
POTEN
TIAM

PIETATE

FORTITVDINE

ZELO
PROSTRA
TA HÆRESI
FIDES

SAPIENTIA

AD
MAIOREM
DEI
GLORIAM

A biografia de Inácio de Loyola parece contrastante. Ele começa como um "menino prodígio", a quem o sucesso sorri. Mas toda sua riqueza não lhe dá paz interior. E ele chega a um impasse. Na segunda parte de sua vida, depois de sua conversão, de boa vontade ele se desembaraça literalmente das riquezas. Inácio opta definitivamente por uma existência pobre e incerta. E é isso que lhe traz uma alegria tão profunda que dura até o fim de seus dias. Ele nos deixa uma herança espiritual impressionante.

Num de seus textos mais conhecidos (*Meditação das duas bandeiras* — palavra que faz referência à opção por este ou aquele partido), Inácio analisa essa experiência. Ele distingue com muita agudeza duas dinâmicas que toda pessoa pode reconhecer: a dinâmica do mal e a dinâmica do bem. Elas podem nos servir de chave de leitura e de fonte de inspiração a nós, pessoas do século XXI, para podermos situar melhor nossas próprias experiências. Inácio resume cada uma das dinâmicas em três conceitos.

A dinâmica do mal

Riqueza
↓
Honras mundanas
↓
Orgulho

Cf. EE 146

À primeira vista, essa dinâmica é atraente. O que não surpreende. De fato, é preciso que o mal seja muito sedutor, se a gente quer explicar o impacto importante que ele pode ter sobre o agir humano. Tudo começa com a *riqueza*. Quem não deseja riqueza, ter muito, muitas coisas, muito saber e muito poder, boas relações, numerosos contatos, poder...? O ruim é que muitas vezes uma pequena voz vem e cochicha: na medida em que nós possuirmos mais, conheceremos e poderemos mais, dependeremos menos dos outros e poderemos tomar melhor a vida em nossas mãos; também vamos tranquilamente *ser* mais. Quanto mais tivermos, tanto mais seremos alguém!

A segunda etapa, a *honra mundana*, se apresenta quando perguntamos a nós mesmos de onde vem essa riqueza, literalmente ou em sentido figurado. E se continuarmos escutando a pequena voz, há uma real chance de concluirmos que é principalmente pelos nossos méritos. O que, aliás, é verdade, em certa medida. O que tenho, devo-o mais a mim do que aos outros.

Agora o caminho está livre para a última etapa: o *orgulho*. Se sou tão rico e se devo isso sobretudo a mim mesmo, pode bem ser que no fundo eu seja melhor que os outros. E alguma coisa faz com que — mesmo que eu saiba que isso é um contrassenso — eu me veja pouco a pouco como o melhor, como o centro ao redor de quem tudo gira: no meu mundo profissional, na minha família, no clube... "Tu te encontras simplesmente no cume da pirâmide", me sussurra suavemente a pequena voz. E, desse cume, eu contemplo com complacência os que se encontram lá embaixo e que não conseguem chegar a meus pés.

> *No cume da pirâmide, há lugar somente para uma pessoa.*

Sim, um problema: no alto da pirâmide há lugar somente para uma pessoa! Sem que eu me dê verdadeiramente conta, a riqueza me transformou num solitário. Eu vivo na ilusão de que não tenho mais necessidade dos outros, de que de fato eles não têm qualquer coisa a me dar. Isso apesar de o ser humano ser precisamente um nó de relações e não desabrochar plenamente senão na medida em que vive plenamente essa solidariedade com os outros. Algumas vezes, Inácio chama o mal de *inimigo da natureza humana*. Segundo a funesta lógica da riqueza, o mal ameaça destruir minha humanidade. Pode ser que eu seja extremamente esperto, inteligente e coberto de sucessos, mas, por dentro, me tornei duro, solitário e infeliz.

A dinâmica do mal se mostra ainda sob outra forma:

Negação do valor próprio
↓
Inferioridade
↓
Autodestruição

Cf. EE 146

Em vez de me achar maravilhosamente bem, vejo que sou um fiasco total: nada tenho a oferecer, não estou numa boa, não tenho amigos, estou simplesmente bestificado e inapto para o que quer que seja. Tudo está bloqueado. A eventual palavra amiga da parte de alguém é vista como uma bajulação ou então inspirada pela compaixão. Essa ausência de qualquer riqueza pessoal conduz facilmente à conclusão de que sou um pobre infeliz. Em seguida, os sentimentos de inferioridade podem se transformar em verdadeira profecia que se torna realidade por si mesma. Não há senão um pequeno passo entre "eu não sou capaz de nada" e "eu não sou nada". Vou me considerar uma pessoa morta, separada de todos, sem valor. E o suicídio pode parecer então uma coisa lógica: se eu cesso de existir, liberto a mim mesmo e a tudo que me rodeia do problema que eu sou.

> *Não há senão um pequeno passo entre "eu não sou capaz de nada" e "eu não sou nada". Vou me considerar uma pessoa morta, separada de todos, sem valor.*

Também aqui a relação humana é fundamentalmente perturbada e o ser humano é atingido em sua humanidade. Essa variante da dinâmica do mal parece o oposto da primeira. A isso são sensíveis sobretudo os jovens. Contudo, no fundo, a lógica é a mesma: a supervalorização da riqueza, que pensávamos possuir ou não, em detrimento da relação.

A dinâmica do bem

Pobreza
↓
Humilhações
↓
Humildade

Cf. EE 146

Contrariamente à dinâmica do mal, a segunda dinâmica, a do bem, não é de modo algum atraente. Pelo menos no começo. De fato, quem ama a *pobreza*? Pois há toda sorte de coisas que estão fora do meu alcance ou que não possuo, e que eu, entretanto, gostaria de boa vontade poder fazer ou ter. E o que pensar dos contratempos, da doença ou da lentidão das coisas...? Por toda parte me confronto com limites que no fundo eu não quereria ter. Além disso, percebemos que, por causa de tudo isso, devemos nos virar por nós mesmos, sozinhos. E ao mesmo tempo constatamos que, para um grande número de coisas, dependemos dos outros. A experiência da pobreza, no sentido mais amplo da palavra, faz parte do nosso viver de cada dia: a pobreza pessoal e, às vezes mais difícil de aceitar, a pobreza dos outros: a da família, dos colegas... Às vezes, conseguimos remediar algo. Muitas vezes, não.

Podemos negar ou evitar essa experiência da pobreza. Mas então caímos no engano. Podemos também considerar esses limites e essa impotência assim como são. E isso faz mal, fere nosso orgulho, é *humilhante*. Nenhuma pessoa de sã razão deseja as humilhações. Mas Inácio lembra que foi justamente isso que Jesus fez: pôs-se inteiramente dentro das "limitações humanas" e assumiu seus efeitos. Inclusive até as consequências extremas. Nesse sentido, podemos afirmar quer Jesus foi, por excelência, o homem mais humilde. E não é por acaso que Inácio chama a dinâmica do bem de dinâmica de Jesus.

> *Podemos também considerar esses limites e essa impotência assim como são. E isso faz mal.*

A terceira etapa explica por que se trata aqui do bem. O fruto dessa maneira de assumir a pobreza, junto com a imperfeição que caracteriza nossa natureza humana, é a *humildade*, a atitude de Jesus por excelência.
Ser humilde quer dizer que aceitamos o fato de que não podemos tudo, que reconhecemos que somos limitados como seres humanos, que não temos tudo na mão.
Que podemos nos abrir aos outros e que recebemos com gratidão seus presentes. A humildade nos faz descobrir que, afinal, a própria vida é um presente. Para uma pessoa humilde, saber que ela é dependente e vulnerável não é um triste golpe. Pelo contrário, ela descobre pouco a pouco que todos esses limites podem se transformar em caminho privilegiado para mais vida.

Ser humilde quer dizer que aceitamos o fato de que não podemos tudo, que reconhecemos que somos limitados como seres humanos, que não temos tudo na mão.

A humildade também nos torna reconhecidos. Fazemos a experiência de que é o outro que me faz crescer. A humildade é por excelência uma fonte de alegria. Ela nos dá a possibilidade de entrar em relação com o próximo, de receber dos outros e aprender com eles num relacionamento recíproco de solidariedade. Para Inácio, em última instância esse próximo é Deus. Assim como o orgulho quebra a relação, também a humildade reforça as relações com os outros e com Deus.

Essas duas dinâmicas continuam por toda a vida. Pois o mal fica todo o tempo de tocaia, espreitando também as pessoas de bem. Mas não há razão para se amedrontar. É necessário encarar tudo isso com franqueza e humildade. Os conselhos dados por Inácio continuam válidos a vida toda. O primeiro a fazer é desmascarar o mal de início. As três etapas do bem são uma indicação preciosa para viver bem a experiência da pequenez e da impotência. Inácio mostra como essa experiência, se a vivemos corretamente, pode se tornar um trampolim para uma vida e uma felicidade mais autênticas.

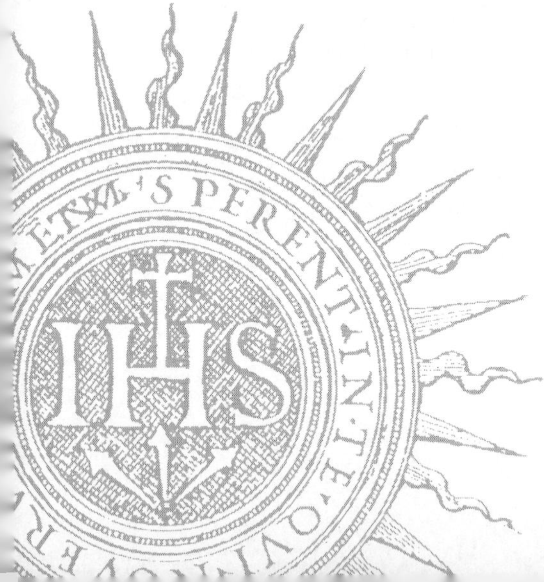
IHS
S PERENT · IN TE ·

Dez conselhos para aprender a partir de nossos sentimentos

AD
MAIOREM
DEI
GLORIAM

PIETATE
FORTITVDINE
FECIT POTENTIAM
ZELO
SAPIENTIA
DE PROSTRATA HAERESI FIDES

Entre a conversão de Inácio e a fundação da Companhia de Jesus, a Ordem dos jesuítas, se passaram vinte anos. Não que Inácio tenha sido um indeciso, mas ele tinha necessidade de todo esse tempo para discernir com suficiente segurança o desejo de Deus. Passo a passo, em meio a muitos altos e baixos, aprendeu a avançar, seguindo o que sentia em seu coração em oração. E foi assim que ele se tornou inegavelmente um perito na questão de gerir os sentimentos. A partir dessa experiência, Inácio desenvolveu toda uma sabedoria prática sobre a maneira de trabalhar nossos sentimentos.

Os conselhos que seguem são inspirados na arte do discernimento inaciano.

1 Tomemos a sério nossos sentimentos. Muitas pessoas se livram de seus sentimentos assim que a situação se torna um tanto tensa. Para elas, quando se trata de situações importantes, apenas a razão parece digna de fé. Isso é errado. Também neste caso, o coração continua sendo uma fonte importante de informações sobre nossos desejos mais profundos. Contudo, não prestemos atenção apenas a movimentos afetivos fortes. Eles são excepcionais. Muitas vezes, são os sentimentos sutis, por vezes pouco perceptíveis, os que no fim das contas se mostram mais importantes. E deles, nossa vida está cheia. Eles podem nos ajudar a ver com mais nitidez aquilo que no dia a dia nos torna contentes ou tristes.

2. No discernimento inaciano, são sentimentos que se apresentam espontaneamente na vida de qualquer pessoa. Não de sentimentos provocados artificialmente ou por experiências excitantes. Além disso, trata-se do nível mais profundo dos sentimentos, e não de sentimentos superficiais que mudam constantemente e que não deixam senão poucos ou nenhum traço. É sobretudo no estrato afetivo mais profundo do coração que podemos perceber a voz de Deus.

3. Prestemos atenção sobretudo aos sentimentos positivos, como a alegria, a paz, a calma, a confiança, a abertura, a esperança etc. Muitas vezes, a gente se fixa de modo espontâneo sobre aquilo que é doloroso ou desagradável. Mas os sentimentos positivos — Inácio fala aqui de consolação — orientam geralmente para o terreno estável que temos sob os pés. É mais importante saber para o que somos convidados do que para o que não o somos. Deus criou o ser humano para que ele seja feliz. Tomar consciência das fontes de alegria, não raro muito discretas, que a vida nos oferece nos leva para nosso verdadeiro eu. Isso nos abre para o futuro.

4. Não reprimamos nossos sentimentos negativos. Mesmo que eles pareçam não ter nenhum lugar em nossa cultura de bem-estar. Os sentimentos de ódio,

de tristeza, irritação, cólera, vazio... não são em si mesmos nem bons nem maus. Simplesmente estão aí. A questão é o que fazemos com eles. Notemos isso e tentemos descobrir de onde eles vêm. Muitas vezes, eles sinalizam uma rua sem saída. É importante constatar isso para então tirar nossas conclusões. Não alimentemos esses sentimentos negativos. Não nos fechemos neles.

5 Às vezes, o mal toma a forma de *anjo de luz*. Em outras palavras, nem todos os sentimentos agradáveis vêm de Deus. Suponhamos que temos uma tarefa importante a realizar, mas não temos nenhuma vontade de fazê-la. Geralmente, videogames não nos atraem. Porém, eis que de repente achamos neles um grande prazer: eles nos acalmam, nos transmitem bom humor... e isso durante horas. Entretanto, o relógio anda e nós não fazemos os trabalhos que de fato deveríamos estar fazendo. Esse "falso" bom sentimento, porém, vai se transformando aos poucos, numa sensação muito má. "É por seu rabo que se conhece o diabo". E Inácio nos deixa a seguinte dica: somente o bom Espírito de Deus pode dar uma paz interior durável e autêntica.

6 É, em primeiro lugar, de nossos sentimentos pessoais que o discernimento parte.

Trata-se do que percebemos em nosso coração. Não no coração dos membros de nossa família, no de nossos pais ou amigos. É bom saber o que as pessoas que nos amam sentem em relação àquilo que nós fazemos ou não fazemos. Isso é importante para fazermos uma distinção entre nossos sentimentos e os deles. O que eles sentem pode ser uma informação preciosa. Mas o único lugar para onde toda essa informação acaba convergindo é nosso próprio coração. É de nossa vida que se trata.

7 Os sentimentos diferem dos ideais, dos valores e das normas. Fazem parte desses âmbitos, por exemplo, o amor pela paz, a solidariedade, o engajamento pelo próximo... São todos valores gerais e objetivos. Constituem o maior denominador comum da experiência de numerosas gerações de seres humanos. Mas a experiência pessoal dos sentimentos exprime antes a vivência desses valores e dessas normas em nosso próprio contexto. Isso explica por que posso me sentir mal em relação a algo moralmente elevado: por exemplo, um compromisso que está plenamente de acordo com meus ideais e valores. Contudo, não consigo me envolver mais porque me sinto pressionado. Nesse caso, se eu tentasse não fazer caso de meus sentimentos, correria o risco de me sentir de todo bloqueado.

8 Às vezes, não sentimos nada. Passamos dias — ou meses — em que sentimos pouca alegria ou entusiasmo em nossos relacionamentos, na família, em nosso meio profissional. Tudo parece monótono. É porque os sentimentos são tão importantes e confiáveis que nem sempre temos necessidade deles. Por que, então, não confiar naquilo que temos sentido anteriormente e que nos levou a fazer escolhas boas? É normal que os sentimentos tenham altos e baixos. Não podemos sentir-nos sempre ótimos, o que, aliás, nem é preciso. Não somos obrigados a bater sempre continência à ditadura do "eu me sinto bem".

9 Às vezes, sentimos de tudo ao mesmo tempo. Nossos sentimentos são como um ioiô. São embaraçantes. Não sabemos mais de que madeira fazer nossa flecha. Sentimo-nos como o palhaço sem graça. Estamos em crise. E isso é desagradável. Parece que estamos sob a pressão de questões a serem resolvidas por nossas escolhas. Quem nos socorre?... Aqui, Inácio dá um conselho bem claro. Se estamos em crise e se o chão parece ceder sob nossos passos, tomar decisões não é uma boa ideia. É melhor esperar que a calma retorne. Enquanto esperamos, fiquemos firmes nas escolhas que fizemos anteriormente, nos dias em que navegávamos por águas mais tranquilas

e quando podíamos discernir de maneira efetivamente confiável. Em outras palavras: um pouco de paciência!

10   É importante poder falar dos próprios sentimentos. Não com qualquer um. Mas com alguém que conhecemos bem, que nos ama e que tem, ele mesmo, suficiente experiência. Isso vale especialmente no momento em que se apresentam sentimentos ou pensamentos "embaraçantes": situações que de fato nos constrangem, dos quais sentimos vergonha etc. O típico de todas as espécies de tentações é que elas se desenvolvem especialmente bem em segredo. Aí, elas se firmam sempre mais e parecem colocar nossa vida de cabeça para baixo. Ora, isso pode terminar quando rompemos o silêncio e, com confiança, falamos disso a alguém, sem tabus. Muitas vezes, tais inquietações desaparecem, assim como rui um castelo de dados.

Para Inácio, o discernimento é um jeito de conseguir conservar-se na vida. É uma arte que podemos aperfeiçoar no decorrer de toda a vida. No horizonte, fica sempre o convite de Deus à vida e à alegria. Discernir é crescer em liberdade, a fim de poder dizer nosso sim sempre mais plenamente.

A vida de Inácio de Loyola em dez datas

AD
MAIOREM
DEI
GLORIAM

1491

Nascimento de Íñigo López como décimo terceiro filho do senhor de Loyola, no País Basco espanhol.

1521

Comandante das tropas espanholas contra as tropas francesas na batalha de Pamplona. Gravemente ferido e início da conversão.

1524

Começa a estudar latim em Barcelona.

1528

Continua seus estudos em Paris, onde é companheiro de quarto dos estudantes Francisco Xavier e Pedro Fabro.

1534

Com outros seis companheiros, faz a profissão de votos de pobreza e castidade em Montmartre (Paris).

1537

É ordenado sacerdote em Veneza.

1539

Fundação da "Companhia de Jesus".

1540

Envia Francisco Xavier como missionário para a Índia.

1548

Fundação do primeiro colégio jesuíta em Messina (Sicília).

1556

Inácio morre em Roma no dia 31 de julho. Há, então, mil jesuítas dispersos nos cinco continentes.

Bibliografia

FECIT
POTEN
TIAM

PIETATE

FORTITVDINE

ZELO
SAPIENTIA

DE
PROSTRA
TA
HÆRESI
FIDES

AD
MAIOREM
DEI
GLORIAM

BARRY, William; DEHORTE, Robert. *Ignatius achterna. Leven van creatieve spanningen*. Scherpenheuvel-Zichem: Averbode, 2005. [Trad. bras.: *Contemplativos em ação. O caminho jesuíta*. Luís Carlos Borges (trad.). São Paulo: Loyola, 2005.]

DE LOYOLA, Santo Inácio. *Geestelijke onderscheiding bij Ignatius van Loyola*. Mark Rotsaert (trad. e anot.). Scherpenheuvel-Zichem: Averbode, 2012.

———. *Het verhaal van de pelgrim*. Mary Blickman, Ben Frie e Mark Rotsaert (rev. e ed.). Scherpenheuvel-Zichem: Averbode, 2010. [Trad. bras.: *Autobiografia de Inácio de Loyola*. São Paulo: Loyola, 1991.]

Een richting te gaan. Werkboek voor ignatiaanse spiritualiteit, Kerckebosch, 2008.

ÉMONET, Pierre. *Ignace de Loyola. Légende et réalité*. Bruxelas: Lessius, 2013. [Trad. bras.: *Inácio de Loyola. Lenda e realidade*. Constância Maria Egrejas Morel (trad.). São Paulo: Loyola, 2016.]

IMBERECHTS, Hendrik. *De jezuïeten. Een boeiend verhaal over markante figuren*. Scherpenheuvel-Zichem: Averbode, 2004.

LINDEIJER, Marc (ed.). *De weg van de pelgrim. Jezuïeten en hun spiritualiteit*. Utreque: Ten Have, 2006.

ROTSAERT, Mark; SEGAERT, Barbara (ed.). *Markante Jezuïeten uit de Lage Landen. Canisius – Verbiest – Lessius – Regout*. Lovaina: Peteers, 2007.

ROTSAERT, Mark. *God vinden in alles. Bidden in het spoor van Ignatius van Loyola*. Scherpenheuvel-Zichem: Averbode, 2003.

Sintobin, Nikolaas. *Jezuïeten grappen. Humor en spiritualiteit.* Scherpenheuvel-Zichem: Averbode, 2013. [Trad. bras.: *Os jesuítas. Humor e espiritualidade.* Johan Konings (trad.). São Paulo: Loyola, 2022.]

Sureau, François. *Íñigo – portrait.* Paris: Gallimard, 2010. [Trad. neerlandesa: *Íñigo – van Íñigo tot ignatius van Loyola. Korte geschiedenis van zijn bekering.* François Kurris (trad.). Heeswijk-Dinther: Berne Media, 2014.]

Edições Loyola

editoração impressão acabamento

Rua 1822 nº 341 – Ipiranga
04216-000 São Paulo, SP
T 55 11 3385 8500/8501, 2063 4275
www.loyola.com.br